Cet ouvrage est dédié à moi-même
qui me suis souvent déclaré débordé !

Direction de la publication :
Isabelle Jeuge-Maynart et Ghislaine Stora
Direction éditoriale : Aurélie Starckmann
Responsable d'édition : Bethsabée Blumel
Mise en pages : Nord Compo, Villeneuve-d'Ascq
Illustrations : Shutterstock & Thinkstock
Couverture : Anna Bardon
Fabrication : Ombeline Canaud

ISBN : 978-2-03-596660-5

Imprimé en Espagne, par UNIGRAF SL
Dépôt légal : janvier 2019
322812/2 – 11042693 – janvier 2020

LES MINI LAROUSSE

Les 50 règles d'or pour ne plus jamais être débordé(e) !

J.-P. Guedj

LAROUSSE

21 rue du Montparnasse 75283 Paris Cedex 06

SOMMAIRE

Vous vous dites tout le temps : « Je suis débordé ! »

Mais, bon sang, réagissez donc ! Déjà, vous pouvez faire une première économie de temps en évitant de prononcer mille fois par jour et 10 000 fois par semaine cette formule autoparalysante.

Vous vous comparez à une casserole de lait qui se mettrait à bouillir et ensuite à déborder... Il faut donc surveiller le feu, et calmer le jeu. Plutôt que vous plaindre, agissez ! Prenez le temps – celui-ci constructif – de comprendre pourquoi vous êtes débordé.

ET SI « ÊTRE DÉBORDÉ » ÉTAIT UNE BONNE NOUVELLE ?

Au fait, entre nous, cela vaut la peine de se poser cette question, car lorsqu'on est débordé, c'est qu'on ne s'ennuie pas. Le temps passe vite alors que, quand on s'ennuie, le temps s'écoule au ralenti. Au fond, ne seriez-vous pas heureux d'être débordé ? Ne serait-ce pas grisant ? À moins que ce « débordement » ne frise le *burn out*, l'épuisement, la déprime. Alors, là, oui, c'est autre chose : le temps passe vite certes, mais il crée des nœuds à l'estomac et il prend la tête. C'est un temps rapide, mais c'est un temps nocif. Et, dans ce cas, il faut agir.

MAIS, AU FOND, POURQUOI EST-ON DÉBORDÉ ?

C'est parce qu'on mélange l'accessoire et l'important, le futile et l'essentiel, le global et le détail, le fondamental et l'urgent. On se disperse, on perd du temps, le sens du temps nous échappe.

Alors quelle est la solution ? Il faut faire le ménage d'abord dans sa tête et ensuite dans son organisation. Il faut clarifier son projet de vie, tant privé que professionnel, sérier les priorités, redonner sens à son existence. Et à partir de là, réorganiser sa vie, pour la rendre plus cohérente et, bien sûr, car c'est le but ultime, plus heureuse.

Gagnez une heure par jour...

en donnant du sens au temps ? Réjouissez-vous ! Ce petit ouvrage est vital, et vous avez bien fait de l'acheter.

Il va vous faire gagner au moins une heure par jour. Une heure que vous pourrez utiliser comme bon vous semble. Une heure pour vous. Juste pour vous. Pour pratiquer votre sport favori ou vous adonner à votre art préféré, pour vous occuper de vos enfants, pour échanger avec des amis. Le retour sur investissement est garanti. Il va vous permettre de réaliser ce que vous rêvez de faire chaque jour, mais que vous ne faites pas, faute de temps.

Donnez du sens à votre temps. En clarifiant votre projet de vie, en définissant vos priorités, en évacuant du temps disponible tout ce qui n'est pas essentiel, vous allez certes gagner une heure ou peut-être deux, mais surtout vous allez mieux vivre ou gagner en qualité de vie.

En reliant ce qui est important pour vous avec une nouvelle organisation des tâches, qu'elles soient professionnelles ou personnelles, **votre temps va prendre de la cohérence, de la substance, en devenant utile et sensé.**

ALLEZ, COURAGE, PROCÉDEZ À UN MINI-AUDIT DE VOTRE EXISTENCE !

- Exprimez en une phrase, et une seule, votre projet de vie.
Exemple : je veux réussir ma carrière tout en ayant une vie de famille.
- Définissez un ordre de priorité entre : vie privée, vie professionnelle, sport, activité artistique ou culturelle, voyages.
- Choisissez parmi ces valeurs vos trois valeurs préférées : la famille, le travail, la solidarité, la réflexion, l'action, la découverte, l'optimisme, le réalisme.

En fonction de vos réponses, tirez la conclusion suivante : « Mon emploi du temps actuel correspond, correspond partiellement ou ne correspond pas à mes désirs et à ma personnalité.
Dans les deux derniers cas, que dois-je alors changer dans l'organisation de ma vie ? »

Dites-vous que le temps, c'est la vie !

Organiser son temps, c'est organiser sa vie. Et lorsqu'on est « débordé », on est débordé de la vie qui manque.

Jean-Louis Servan-Schreiber, dans son excellent *Nouvel Art du temps* (Albin Michel, 1999), l'avait bien noté. Il en avait même fait un jeu. **Il invitait ses lecteurs à remplacer le mot « temps » par le mot « vie » dans les expressions suivantes : « pas le temps pour », « je manque de temps »,** « bien utiliser mon temps », « perdre mon temps », « je vais y consacrer du temps », « j'ai besoin de plus de temps », « maîtriser mon temps ». Alors allez-y !

AVEZ-VOUS REMPLACÉ LE MOT « TEMPS » PAR LE MOT « VIE » DANS CES EXPRESSIONS?

C'est édifiant, non ? Vertigineux, même ! Ne serait-ce que pour l'expression « perdre son temps ». On

se rend compte alors qu'à chaque fois qu'on « perd son temps », on « perd sa vie », ou « de la vie », ou on passe à côté de la sienne.

C'est en cela que gérer son temps est une affaire vitale. Et qu'il ne faut pas se tromper dans le contenu du temps qu'on consacre aux différentes séquences de la vie.

NE PAS PERDRE SON TEMPS

Quand on n'est pas au clair avec soi-même, ou, si l'on veut, avec son projet de vie et les activités qui en découlent, on gâche le temps, on ne l'utilise pas à bon escient, en conformité avec ses désirs, bref on le « perd ».

Et c'est alors que la morosité et l'acrimonie adviennent, conjuguées au sentiment de passer à côté de l'essentiel. **Aussi, quand on choisira ses activités au cours de la vie, on prendra le soin de les mettre en relation avec ce qui nous correspond vraiment en profondeur**, en se méfiant du « faire plaisir » et du « paraître », qui sont autant de postures chronophages.

Dites-vous que vous aurez beaucoup de temps…

après la vie ! Il y a une évidence, mais que tout le monde oublie : l'être humain est mortel.

On vit tous comme si nous étions immortels. Le temps semble léger, élastique, modelable, reportable, annulable. On croit pouvoir différer les activités, en remettant à demain ce que l'on peut faire le jour même. On peut aussi bourrer ses journées de tâches multiples et se rendre compte, à la fin de la journée, que l'on n'a pas fait grand-chose ou que ce que l'on a fait est bien éloigné de ce qui est important pour nous.

Quel dommage, d'autant que le temps nous est compté et que la vie est courte.

NE GÂCHEZ PAS VOTRE TEMPS

• On ne va pas voir cet être aimé, pourtant si langui, en se disant qu'on le verra plus tard.

- On reporte ce rendez-vous, pourtant si important pour la carrière,
- On ne s'occupe pas de ce dossier administratif, qui devrait être pourtant traité rapidement.
- On annulera ce rendez-vous avec le médecin, puisqu'on peut s'y rendre plus tard.
- On reprendra l'idée de ce voyage en Inde l'année prochaine.

En revanche, on va remplir la journée de tâches automatiques, de rituels, d'énergie qui se déploie à vide. On va s'autorassurer par un emploi du temps récurrent, sans surprises, programmé. On va ainsi osciller entre la passivité et le sentiment d'urgence, l'immobilisme et le marathon, entre la nonchalance et le stress. En réalité, on va combler le temps au lieu de le remplir, voire de le goûter.

Si la vie est courte, les journées aussi. Et il y va de notre liberté, mais aussi de notre responsabilité, de les organiser au mieux : de choisir ses priorités, de distinguer l'important du secondaire et de l'urgent, de vivre chaque moment comme un moment à ne pas bâcler. Bref, de réussir son temps, comme on réussit sa vie.

Vous n'avez pas tout à fait la même perception du temps

que probablement votre poisson rouge ou votre mari ! Comme la météo, il y a le temps objectif et le temps ressenti.

Marcel Proust écrivait qu'il y avait « des jours montueux et malaisés, qu'on met un temps infini à gravir et des jours en pente douce qui se laissent descendre à fond de train en chantant ».

TEMPS INTÉRIEUR, TEMPS OBJECTIF...

On peut dire, de la même manière, que les séquences de la journée varient en fonction de l'humeur ou de l'envie. **Telle séquence vous paraît interminable parce qu'elle vous ennuie, tandis que telle autre va vous paraître rapide parce qu'elle suscite votre intérêt.**

Sans compter que votre époux(se) n'éprouve pas le même temps que vous, ni votre chat, même si, pour tous les trois, c'est le même temps objectif. Les problèmes de communication viennent parfois de là.

Par ailleurs, d'aucuns évoquent l'incidence du « biorythme » de chacun dans l'organisation de la journée.

VOTRE « BIORYTHME » ET QUELQUES CONSEILS

1. « Le matin, il ne faut pas me parler ! »

Si la réponse est oui : évitez les relations sociales le matin.

2. « Le soir, à partir de 5 heures, je pense au dîner. »

Si c'est oui, faites une pause vers 16 heures avec une petite collation, pour repartir sur une nouvelle séquence, moins obsédé par la faim.

3. « J'aime travailler quand il n'y a personne. »

Si c'est oui : venez plus tôt au bureau ou terminez plus tard.

4. « J'ai la digestion difficile ! »

Si c'est oui, inutile de participer ou conduire des réunions à cette heure-ci. Pratiquez une petite sieste de quinze minutes.

5. « C'est avant de me coucher que je me sens créatif ! »

Si c'est oui : pourquoi ne pas noter sur un bloc-notes vos idées avant de dormir ?

Distinguez l'important de l'accessoire...

Par exemple : l'anniversaire de votre belle-mère et votre entretien d'embauche !

Qu'est-ce qui est important ? Votre projet ce vie et tout ce qui fait sens pour vous. Qu'est-ce qui l'est moins ? Ce sont certes les contraintes du quotidien – le ménage, les courses, le courrier, les réparations d'objets divers... l'anniversaire de votre belle-mère !

Mais ce sont surtout les contraintes qu'on se fabrique soi-même, en se donnant des délais d'urgence, alors qu'il n'y en pas, ou carrément en dramatisant des problèmes rencontrés au risque de les multiplier.

Le souci, c'est que, dans la vie quotidienne, tout se mélange, l'important et l'accessoire. Et qu'il n'est pas facile tous les jours d'avoir le recul nécessaire pour faire le tri. Il faudrait pourtant s'y astreindre.

Est-ce que l'anniversaire de la belle-mère équivaut à l'entretien d'embauche ou de promotion qui aura lieu dans les prochains jours ? Quelle part d'énergie faut-il consacrer à l'un et à l'autre ?

Pour ce faire, il faut se poser et réfléchir à son emploi du temps. Les activités secondaires peuvent être planifiées, déléguées ou éliminées. L'idéal étant de consacrer le temps précieux à ce qui est réellement prioritaire.

EXERCICE

Dans cette liste de tâches, identifiez celles qui, pour vous, sont importantes et celles qui sont secondaires.

- Faire les courses
- Aller chez le coiffeur
- Préparer son entretien d'embauche ou de promotion
- Étudier un dossier
- Écrire un roman
- Vivre son histoire d'amour
- S'occuper des enfants
- Réparer la commode
- Aller faire une promenade
- Accrocher le tableau au mur
- Colmater la fuite d'eau
- Faire du théâtre
- Faire son jogging
- Faire un check-up médical
- Tondre le gazon

Distinguez l'important de cet urgent

qui vous mine tout en vous grisant !

Lorsqu'on est débordé, on l'a vu dans les règles précédentes, on a un peu tendance à tout confondre et à tout embrouiller, sans dégager de priorités.

LES PRIORITÉS...

Des priorités, du plus général au plus particulier : on commencera par décider si la famille passe avant la vie professionnelle ou l'inverse, si le management de l'équipe est prioritaire par rapport à l'exécution d'un dossier d'études, si la déclaration de revenus passe avant le match de tennis, etc. Et il faut alors assumer ses priorités au quotidien et décider de ne pas tout faire en même temps.

VOUS ME DIREZ : « ALORS C'EST BIEN BEAU, LES PRIORITÉS, MAIS IL Y A LES URGENCES ! »

Il y a urgence quand on est en retard sur une tâche – il faut donc anticiper cette dernière et lui consacrer un temps raisonnable pour l'accomplir –, quand le délai n'a pas été pris en compte – il faut se fixer des délais et s'astreindre à les tenir – ou bien parce qu'on décide de changer de cap au dernier moment – il vaut mieux éviter de multiplier les décisions de dernière minute et autres zigzags mentaux.

Mais certains, tellement grisés par l'urgence, ne voient plus l'important. Ces retardataires chroniques, ces poseurs de lapins – nommés lapinophiles –, ces adeptes du contrordre, ces spécialistes de l'embrouillamini organisationnel, ont fait de leur existence un fil sur lequel ils dansent en permanence de manière instable.

LE CARRÉ DES PRIORITÉS

« Tout ce qu'on peut remettre utilement peut être abandonné plus utilement encore » Alexandre Dumas fils

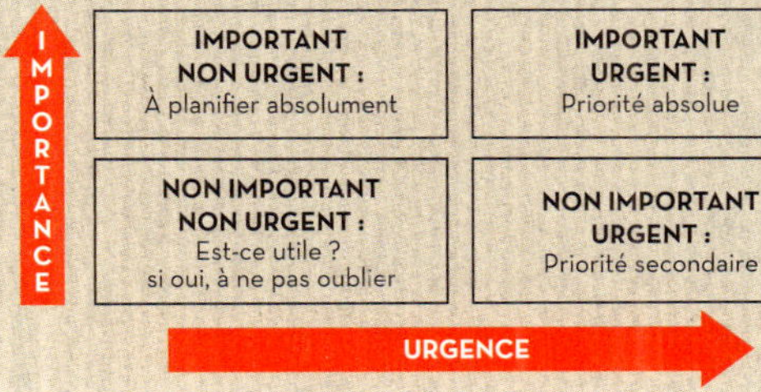

Gardez votre calme

et évitez les paniques ! Attention à l'effet désastreux pour votre réputation de la vision du gigot carbonisé !

Quand on est débordé, on peut l'être encore davantage : en paniquant. « Panique », le mot se réfère à l'effrayant dieu grec Pan, mi-homme mi-bouc, protecteur des bergers et des pâturages, qui effrayait les voyageurs en criant. Dans cet état de stress intense, on ne distingue plus rien, tout se brouille. Et l'on peut même générer des dégâts qui vont compliquer la situation déjà compliquée.

POURQUOI PERD-ON SON CALME?

Pourquoi panique-t-on ? Pour deux raisons essentielles : parce que la situation n'est plus sous contrôle et parce qu'on ne voit pas la solution au problème inopiné qui se pose soudain à nous.

Quand la situation nous échappe, qu'on n'en a plus la maîtrise, le premier réflexe que l'on a est de forcer la réalité pour qu'elle nous obéisse. Mais celle-ci résiste en nous échappant encore davantage.

Exemple : « Les invités vont arriver à 20 heures, il est presque 20 heures, et je n'ai pas encore mis le gigot au four ! »

Alors on va chauffer le four au maximum, quitte à brûler la viande, on va casser une assiette en passant, et rater la vinaigrette pour accompagner les asperges qui constituent l'entrée. Sans compter la mauvaise humeur qui va recevoir, en guise d'accueil, les pauvres invités. On va ruminer ensuite en se disant que le choix du gigot est une aberration : il aurait fallu faire un plat cuisiné moins risqué.

ALORS QUELLE AURAIT ÉTÉ LA BONNE SOLUTION ?

C'eût été de dîner plus tard et de présenter un gigot aux invités, tardif certes, mais cuit à point et rosé à l'os. Ou bien de s'organiser pour que le gigot fût prêt à 20 heures. Mais pour cela, il aurait fallu anticiper et éviter toute organisation précipitée de dernière minute.

Gérez votre stress

et repérez vos stresseurs !

Il y a un stress qui stimule, celui de l'acteur avant d'entrer en scène ou celui de l'avocat avant de plaider. Ce stress-là porte un autre nom : c'est le trac. Il est bénéfique : il est lié à la concentration extrême qui précède l'éclosion et la mise en acte du talent. Il est même le corollaire de ce dernier.

LE STRESS/DÉTRESSE

Il y a aussi un stress inhibant, qui tétanise au lieu de stimuler, qui fait ralentir au lieu de faire avancer, et qui, finalement, fait qu'on n'arrive plus ni à penser ni à agir. Ce stress-là équivaut à une forme d'anxiété dont il est toujours utile de connaître les causes.

Ces causes, on les appelle les « stresseurs ». Il y a les stresseurs objectifs ou conjoncturels que sont, par exemple, une maladie, un déménagement ou… un typhon !

Et il y a les stresseurs liés à notre personnalité. Identifier ses stresseurs intérieurs permet de mieux les appréhender, d'agir sur eux, et d'atténuer ainsi leurs effets toxiques.

IDENTIFIEZ VOS STRESSEURS SUBJECTIFS :

- Quand je vais au travail, j'ai « la boule au ventre ».
- À chaque fois que j'ai un entretien avec un chef, j'ai les mains moites.
- Quand je vais chercher les enfants à l'école, j'ai au moins une heure d'avance.
- J'essaie au maximum d'éviter les réunions familiales.
- Je souffre de « phobie administrative » : j'ai du retard dans toutes mes démarches.
- Dès que j'ai une décision à prendre, il faut que je multiplie les avis.
- Je regarde mon compte en banque tous les jours.
- Quand des amis m'invitent à prendre un verre, j'annule une fois sur deux.
- Stresseurs subjectifs : 1/travail, 2/relation à l'autorité, 3/relation aux enfants, 4/relation à la famille, 5/phobie administrative, 6/difficulté à la décision, 7/relation à l'argent, 8/sociabilité.

Évitez de faire ce dont vous avez horreur

Ou alors, s'il vous plaît, ne vous plaignez pas !

Il y a comme une voix qui vous dit « fais un effort », « contrains-toi ! », « multiplie les problèmes à résoudre » (avec une autre voix sadique en arrière-fond qui ajoute « la liste est longue ! »).

CENSEUR INTÉRIEUR

Cette voix maléfique vous culpabilise lorsque vous décidez de vous accorder une minute de détente, d'aller prendre un verre avec un ami ou juste, simplement, de vous promener à l'air libre. Elle vous désigne encore comme coupable lorsque vous décidez de réaliser telle tâche plus agréable que telle autre, et vous somme de commettre avant toute chose ce qui vous est désagréable.

Alors engoncé dans le remords chronique, vous agissez en fonction de votre conscience laborieuse

et tyrannique, qui déteste le vide, et pire, la vacance (ne parlons pas des vacances).

Lorsque vous en faites le bilan le soir, il y a certaines journées qui vous semblent odieuses, stériles, vides, tout en étant pourtant archipleines.

Vous n'avez fait que réaliser des tâches dont vous avez horreur : porter des courses lourdes de trois tonnes, gérer un conflit par téléphone qui vous a pris une bonne part de l'après-midi avec un agent administratif rigide, travailler sur un dossier qui est aussi ennuyeux qu'insoluble.

ALORS QUE FAIRE?

Et si vous instilliez dans votre journée du plaisir plutôt que de l'effort, de la raison plutôt que de l'impulsion, de la créativité plutôt que des comportements automatiques, de la bienveillance, envers vous-même et envers autrui, plutôt que de multiplier les tensions?

L'exercice mérite d'être tenté, non? Allez! Go! Demain, on tente le tout pour le tout : journée plaisir, bienveillance et créativité!

Équilibrez vos différentes vies

tout en les assaisonnant d'un zeste de déséquilibre ponctuel !

Nous avons tous au moins deux vies : la vie privée et la vie professionnelle. Et la plupart d'entre nous les gérons « en même temps » en essayant de trouver un équilibre entre les deux « domaines ».

TOUT EST UNE QUESTION DE MESURE

Mais il y a pourtant deux excès qui peuvent être nocifs : le premier, c'est la priorité absolue que nous voulons donner à la vie privée, et le second, c'est la priorité tout aussi absolue que nous accordons à la vie professionnelle.

• **Consacrer l'essentiel de son temps à la vie amoureuse ou familiale** – certains prennent même des congés professionnels lorsqu'ils sont amoureux – ne vaut pas mieux que consacrer l'essentiel de son temps au bureau en évitant toute rencontre familiale le soir en rentrant chez soi (pour cela un conseil : prévoyez votre retour du bureau après 22 heures, les enfants dorment, il y a moins de risque de les rencontrer !).

• **L'idéal est donc de réussir l'équation vie privée/vie professionnelle** en articulant les deux temps avec harmonie. Sans compter qu'il y a les autres vies, celles qu'on néglige en général, auxquelles on consacre du temps par à-coups : la vie amicale (l'amitié se nourrit d'échanges réguliers), la vie créative (depuis le temps que vous rêvez de dessiner à nouveau !), le sport (en dehors du vélo d'appartement que vous n'utilisez plus depuis des mois !).

• **Et puis, il y a les imprévus** – pas forcement les catastrophes –, les surprises que les autres vous font ou que vous vous faites à vous-même et qui vont bousculer votre emploi du temps trop rigide. Pourquoi pas d'ailleurs ? La vie, le temps, sont faits aussi d'imprévus, souvent bienvenus.

Repérez vos trois principaux voleurs de temps !

Déterminez vos voleurs de temps ! Osez vous remettre en question !

Et mettez en relation vos voleurs de temps avec les différentes règles contenues dans cet ouvrage et qui vous suggèrent des solutions (voir règle n° 13).

Mettez un score de 1 (très rare ou sans gravité) à 7 (permanent ou très grave) dans les cases des colonnes « Fréquence » et « Gravité ».

Les voleurs de temps	Fréquence	Gravité en terme de gestion du temps
1. Interruptions dues à des coups de téléphone.		
2. Visites non prévues.		
3. Réunions trop fréquentes, trop longues, mal préparées.		

Les voleurs de temps	Fréquence	Gravité en terme de gestion du temps
4. Dispersion (en faire trop à la fois).		
5. Mauvaise estimation des temps, pas de délais limites.		
6. Flou sur les objectifs, les priorités, les délais.		
7. Mauvais rangement des documents et manque d'organisation matérielle.		
8. Tendance à tout faire soi-même (difficulté à déléguer).		
9. Ne pas savoir dire non.		
10. Manque d'autorité, de directivité.		
11. Indécision. Procrastination.		
12. Stress. Paniques.		
13. Parlottes et autres phénomènes de socialisation.		
14. Négligences –> erreurs ou omissions –> recherches –> Redressements –> retards –> réclamations –> explications.		

Les voleurs de temps	Fréquence	Gravité en terme de gestion du temps
15. Perfectionnisme.		
16. Pression du quotidien, priorité des urgences.		
17. Bugs, pannes de matériel.		
18. Conflits mal gérés. Fuite devant les conflits.		
19. Déplacements.		
20. Formalisme et rigidité.		
21. Priorités changeantes.		
22. Addiction aux réseaux sociaux ou à Internet.		
23. Appels téléphoniques inutilement longs.		
24. Absence de plan de travail quotidien ou to-do lists		

Votre classement des **3 principaux voleurs de temps**

1. ....

2. ....

3. ....

Et... chassez-les !

Voici nos conseils pour chasser chaque voleur de temps.

Vos voleurs de temps	Conseils pour les chasser
1. Interruptions dues à des coups de téléphone	Préférez appeler plutôt qu'être appelé. Mettez votre portable en mode silencieux lorsque vous devez vous concentrer sur une tâche. Voir **règle n° 32**.
2. Visites non prévues.	Planifiez vos rendez-vous et faites passer le message à vos visiteurs. Votre bureau ou votre maison ne sont pas des halls de gare.
3. Réunions trop fréquentes, trop longues, mal préparées.	Ne vous rendre qu'aux réunions importantes. Préparez-les. Voir **règle n° 35**.
4. Dispersion (en faire trop à la fois).	Concentrez-vous sur une tâche à la fois. Tenez compte de vos priorités. Relisez la **règle n° 6**.
5. Mauvaise estimation des temps, pas de délais limites.	Fixez-vous des délais et des autodélais. Voir **règle n° 27**.

Vos voleurs de temps	Conseils pour les chasser
6. Flou sur les objectifs, les priorités, les délais.	Soyez bien plus rigoureux dans la gestion du temps. Vous êtes concerné par tout l'ouvrage. Relisez plus particulièrement les **règles n° 6 et 7**.
7. Mauvais rangement des documents et manque d'organisation matérielle.	Mettez de l'ordre. Prenez du temps pour en gagner. Lisez la **règle n° 15**.
8. Tendance à tout faire soi-même (difficulté à déléguer).	Il faut accepter d'abord de vous faire aider et ne pas tout faire soi-même. Bref, apprendre à déléguer. Voir **règles n° 19 et 20**.
9. Ne pas savoir dire non.	Indispensable pour maîtriser son temps ! Ne vous laissez pas manipuler ! Voir **règle n° 22**.
10. Manque d'autorité, de directivité.	Attention à la culpabilité anesthésiante qui vous rend un peu faible ! Voir **règles n° 23 et 24**.
11. Indécision. Procrastination.	Tranchez ! Et ne reportez pas vos décisions à la Saint-Glinglin ! Voir impérativement les **règles n° 25 et 28**.
12. Stress. Paniques.	Cela va déjà mieux, mais relisez quand même les **règles n° 9 et 10**.
13. Parlottes et autres phénomènes de socialisation.	Si c'est de votre « parlotte » dont il s'agit, canalisez-la. Si c'est celle de votre collègue, changez de bureau !

Vos voleurs de temps	Conseils pour les chasser
14. Négligences –> erreurs ou omissions –> recherches –> Redressements –> retards –> réclamations –> explications.	Concentrez-vous sur chaque tâche ! Il vaut mieux ne rien faire que mal faire, car cela a des conséquences. Lisez somme toute la **règle n° 16**.
15. Perfectionnisme.	Le meilleur moyen de lutter contre ce travers, c'est de se fixer des autodélais. L'important est de terminer une tâche. Et puis dites-vous que la perfection n'est pas de ce monde !
16. Pression du quotidien, priorité des urgences.	Vous n'êtes vraiment pas le maître des horloges. Allez relire la **règle n° 7**.
17. Bugs, pannes de matériel.	Si les pannes se reproduisent et que vous n'arrivez pas à réparer vous-même, peut-être qu'une assistance technique peut vous être utile . Voir **règle n° 40**
18. Conflits mal gérés. Fuite devant les conflits.	D'abord, il vous faut choisir vos conflits. Certains ne valent pas la peine qu'on y mette de l'énergie. Sinon, une bonne confrontation vaut mieux qu'une fuite en avant. Voir **règle n° 21**.

Vos voleurs de temps	Conseils pour les chasser
19. Déplacements.	Et si vous essayiez le vélo plutôt que votre polluante berline qui n'avance pas dans les embouteillages ? Et un déménagement, qu'en pensez-vous ? Voir **règle n° 17**.
20. Formalisme et rigidité.	De temps en temps, et même souvent, il est préférable d'être souple et adapté que formaliste et rigide.
21. Priorités changeantes.	Gardez le cap ! Et retournez à la **règle n° 6**.
22. Addiction aux réseaux sociaux ou à Internet.	Diminuez votre temps d'addiction de 50 % puis de 75 %.
23. Appels téléphoniques inutilement longs.	Faites court au téléphone ! Voir **règles n° 32 et 41**.
24. Absence de plan de travail quotidien ou *to-do lists*.	Programmez, planifiez, et allez voir du côté de la **règle n° 28**.

Et si vous gagniez du temps

en lisant *À la recherche du temps perdu* ?

À entreprendre les sept tomes, **on se dit quel temps perdu que de lire *À la recherche du temps perdu* ! Mais non !** Lire Proust – ou un autre ! – n'est jamais du temps perdu. Cet ouvrage colossal écrit par Marcel Proust traite de la mémoire et du temps. C'est notre sujet.

Nous qui sommes absorbés par les mails, les SMS, et autres réseaux sociaux, sans parler des séries, des jeux vidéo, nous qui sommes débordés par le climat d'urgence de l'époque, et si l'on s'accordait une pause littéraire ? Pourquoi pas quotidienne ?

Allez, si l'on se disait qu'on allait s'organiser chaque jour un break-lecture d'une demi-heure ! Une pause réflexive ! À la place de la série ! Et il est sûr alors, parions-le, que ce sera du temps gagné !

Et si vous rangiez à fond

votre bureau ?

C'est bien, vous avez installé un petit bureau dans votre appartement mais voilà, dans ce bureau, vous avez quand même des difficultés à y pénétrer : la porte a du mal à s'ouvrir du fait des dossiers au sol qui la bloquent. Au travail, c'est la même chose. Alors que faire ? Certes, vous dites que vous vous y retrouvez. Mais dès qu'il s'agit de dénicher, souvent dans l'urgence, un document indispensable et un peu ancien, bonjour la galère ! Le document est introuvable ! Et, entre nous, que de temps perdez-vous !

Voici trois conseils de rangement :

1. **Allez vers le 0 papier** : scannez plutôt que photocopiez, archivez l'important et jetez l'inutile (80 %).
2. **Chaque chose sa place** : les dossiers et documents sont classés par thèmes et par ordre alphabétique.
3. **Optimisez les nouvelles technologies** (ordinateur, tablette, smartphone), notamment pour la prise de notes, la planification et les délais (agenda).

Et si vous déménagiez carrément... ?

Même en ne vous déplaçant pas !

Au-delà du traumatisme qu'un déménagement peut provoquer chez chacun, il permet de saisir un certain nombre de choses.

Vous vous rendez compte, à ce moment-là, que vous possédez, selon la vieille loi de Pareto, 80 % d'affaires dont vous n'avez pas l'utilité et 20 % d'objets utiles. Vous découvrez aussi, à cette occasion, les tonnes de poussière accumulées, les dossiers datant de Mathusalem, les vêtements démodés d'il y a dix ans que vous portiez avec dix kilos de moins. Et tout le reste.

L'idéal est donc de déménager une fois tous les trois ans, même en restant sur place, c'est-à-dire en faisant un grand tri à l'intérieur de sa propre maison, pour chasser l'inutile et ne conserver que l'utile.

Et, pour mémoire, il faut se rappeler que Diogène, lui, vivait sans rien et dans un tonneau.

Et si vous liquidiez...

votre stock de courriers ?

Attention ! Une nouvelle maladie se répand (même si les symptômes sont déjà anciens) : « la phobie administrative® ». Un ancien secrétaire d'État au Commerce extérieur en a subi les conséquences : il a dû précipitamment démissionner de son poste au Gouvernement pour ne pas avoir déclaré ses impôts pendant plusieurs années et avoir négligé le règlement de ses loyers.

PHOBIE ADMINISTRATIVE, SYMPTÔMES ET THÉRAPIE

Il expliqua alors son comportement défaillant comme on raconte une maladie. Une phobie ! Administrative ! Paradoxe comique : il a quand même déposé le nom de « phobie administrative » à l'INPI alors qu'il détestait remplir tout formulaire quel qu'il fût.

Bon. Reprenons. Si vous avez donc un stock de factures non réglées, dont trois froissées au fond de votre sac ou sac à dos, la dernière déclaration de revenus non remplie intercalée dans une page de *Elle* ou de *Lui*, et que vous dînez le soir à la bougie parce que cela fait deux ans que vous n'avez pas payé votre note d'électricité, il faut alors vous affoler. Vous l'avez, la phobie !

Cela vient probablement d'une enfance difficile où l'ordre était la valeur suprême et le passage à l'acte administratif le must du développement personnel. Élevé par un père apothicaire et une mère attachée d'administration territoriale, on vous a inculqué la notion de devoir à remplir.

Remplir quoi ? Remplir son devoir d'abord, et ensuite, tout, tout ce qui se remplit : formulaires, déclarations, questionnaires....

Traumatisé à vie, vous suivez une thérapie de type « phobiques administratifs anonymes » où vous ressassez vos difficultés en répétant avec vos collègues en chœur et en articulant : REM-PLIR... PA-PIERS... À-TEMPS...

Attention aux « singes » !

Ils se posent facilement sur vos fragiles épaules et deviennent vite envahissants !

Le terme « singe » revient à Kenneth Blanchard (et William Oncken et Hal Burrows) dans son (leur) ouvrage *Les Singes et le Manager* (InterÉditions, 1990).

QU'EST-CE QU'UN « SINGE » ?

Il est défini ainsi : « Le symbole du singe perché sur les épaules du manager – harcelé par une myriade de problèmes envahissant son bureau – doit nous inciter constamment à la discipline nécessaire pour réserver notre temps aux aspects les plus vitaux du management. » Et donc éviter la dispersion !

Et on est tous des « managers » envahis par les singes, dès lors qu'on prend des responsabilités, auxquelles s'ajoutent celles que les autres nous refilent ou qu'on n'a pas su leur attribuer.

• **On hésite ainsi à prendre une femme de ménage** au motif qu'elle va s'introduire dans notre intimité ou que le ménage ne sera jamais aussi bien fait que par soi-même. Prendre un comptable ? Pour quoi faire ? On est bien capable d'effectuer ses petits comptes soi-même !
• **Réparer la porte qui ne ferme plus,** au diable les arnaques et changeons-la nous-même !
• **Les courses ?** Le magasin est à deux pas de la maison !

Bref, on se convainc qu'on est capable de tout faire soi-même, ce qui produit un sentiment de « toute-puissance », mais aussi... de débordement qui tourne à la panique !

DÉ-LÉ-GUER

Tout l'art consiste alors à distinguer ce que vous pouvez réaliser vous-même, parce que nul ne peut vous remplacer, et ce que vous pouvez faire faire (des tâches) ou déléguer (des responsabilités).

La gestion de la trésorerie, vous la gérerez vous-même ; le ménage, vous pourrez le « faire faire », tandis que vous confierez une mission de garde et d'éducation de vos enfants à la nourrice en qui vous avez toute confiance.

Faites-vous aider

sans vous poser la question de l'exploitation de l'homme par l'homme !

Il y a à la fois de l'orgueil et de la culpabilité dans le refus de se faire aider. Ce sont ces deux « états d'âme » inhibants qu'il s'agit de dépasser. D'abord faut-il en comprendre les causes.

L'OMBRE DOUBLEMENT ACCUSATRICE DE MARX ET DE JÉSUS

D'une part, ne pas faire soi-même équivaut – se dit-on – à abandonner une tâche ou une responsabilité qui nous incombe. De là, à se qualifier soi-même de lâche ou de paresseux, il n'y a qu'un pas.

Et puis, on veut contrôler les opérations dont on se dit qu'elles ne doivent pas nous échapper. Et on se dit encore, un brin mégalomane, qu'on est omniscient, qu'on n'a besoin de personne et qu'on peut tout faire.

D'autre part, confier une tâche à quelqu'un (ne parlons pas d'une responsabilité), cela va aussi à l'encontre de nos valeurs profondes, autant judéo-chrétiennes que progressistes. Refoulées peut-être, mais bien actives.

Est-il juste de faire travailler quelqu'un – pire : de le rémunérer ! – et ne pas assumer son propre labeur ! **L'ombre doublement accusatrice de Marx et de Jésus plane sur nos consciences fragiles !** Faire faire, c'est exploiter, et c'est donc politiquement incorrect !

En baver et tout faire soi-même contribuent au culte de l'effort ! Le travail est un chemin de croix. C'est ce qu'on nous a inculqué ! Bref, il vaut mieux – se dit-on encore – souffrir – et si possible sans se plaindre – que déléguer. C'est ainsi qu'on se laisse déborder en faisant tout soi-même et en se privant de la compétence d'autrui, souvent bien plus habilité à réaliser ce que nous peinons tant à mettre en œuvre.

Sachez « délai-gai » ou « guet » à bon escient !

Sans être particulièrement adepte du jeu de mots lacanien ou amateur des sketches de Raymond Devos, il est amusant de décomposer le verbe déléguer.

On y entend en effet le mot « délai » – la délégation comprend toujours une « *deadline* » –, le mot « gai » qui induit qu'on ne se débarrasse pas d'une tâche ou d'une mission mais qu'on les confie avec enthousiasme, ou encore le mot « guet » (comme on « fait le guet ») qui rappelle qu'il n'y a pas de délégation sans contrôle.

Pour ne pas être débordé, on l'a vu, la solution, c'est donc de déléguer.

- Le ménage : à une femme de ménage.
- Les devoirs : à un étudiant qui dispense des cours particuliers.
- L'informatique : à un spécialiste du type d'ordinateur que vous utilisez.

- La comptabilité : à un comptable.
- La recherche d'un nouvel appartement : à un agent immobilier.

LA CONDITION *SINE QUA NON*?

Il faut que la personne qui prenne en charge cette part de votre activité soit compétente et disposée à le faire. Bref, motivée. Sinon, la délégation court à la catastrophe. Choisir *the right man at the right place at the right moment*, comme disent les Américains, c'est investir du temps pour en gagner !

TRAITONS LA DERNIÈRE OBJECTION : DÉLÉGUER IMPLIQUE UN COÛT !

Oui. Peut-être. Sans doute même. Mais quel est le coût de votre débordement ? **Combien de temps consacrez-vous au ménage,** aux devoirs de vos enfants, aux pannes informatiques, à la comptabilité, à la recherche d'un appartement ?

Combien de temps perdez-vous à rechercher sur Google, à démarcher, à empiéter sur vos loisirs et même sur votre travail quotidien ce que vous pourriez déléguer, et tout ceci dans l'humeur tendue de ceux (ou celles) qui ont du mal à lâcher prise ?

Sélectionnez vos conflits !

Privilégiez le conflit utile au conflit futile !

On perd son temps dans les confits futiles. Le conflit, quel qu'il soit, est chronophage. D'autant que celui-ci s'égare dans la recherche des causes, voire de la responsabilité, ce qui ne conduit pas forcément à sa résolution.

LE CONFLIT EFFICACE

Il faut donc choisir ses conflits comme on choisit ses ennemis. Inutile de vous battre tous les soirs avec votre voisin qui écoute une musique « métal », il vaut mieux convenir avec lui d'un *modus vivendi* en fixant des horaires de tolérance et procéder à l'achat éventuel de tapis amortisseurs de bruit.

Inutile de vous battre avec votre poissonnier parce qu'il vous a vendu un kilo de soles qui n'est pas loin de valoir le prix de votre bague de fiançailles, mais changez plutôt de boutique ou allez vous-même à la pêche à la sole.

En revanche, concentrez-vous sur les vrais conflits, les importants, les utiles, les nécessaires. Préparez avec soin votre dossier de demande de divorce ou de contentieux avec votre employeur pour harcèlement moral, votre déjeuner avec votre progéniture qui végète toujours en troisième année de terminale, votre débat radiophonique avec votre adversaire sur le plan politique qui sera écouté par des milliers d'auditeurs.

CE QUI DISTINGUE LE CONFLIT FUTILE DU CONFLIT UTILE, C'EST L'ENJEU

Au quotidien, calmez-vous. Privilégiez plutôt la résolution pacifique des petites tensions. Comment ? Il suffit de trouver la solution qui convienne à toutes les parties.

En pratiquant la pensée positive associée à la philosophie *win-win* (gagnant-gagnant), les bons négociateurs trouvent ainsi un terrain d'entente, permettant aux uns et aux autres de se revoir par la suite.

Oui, oui, osez dire « Non ! »

Mais aussi « Oui ! ».

Il est vrai que savoir dire non ne coule pas de source : on n'ose pas, on a peur de heurter, on se sent coupable d'avoir à refuser ce qui nous est si gentiment demandé.

EST-CE QUE TU PEUX ME RENDRE UN (PETIT) SERVICE ?

Surtout si la formulation commence par « Est-ce que tu peux me rendre un (petit) service ? ». Alors, on accepte. Et on en paie les conséquences. On le fait, mais sans ardeur, et parfois sans cœur. En ruminant. En regrettant.

Votre voisin de bureau vous demande de traiter tel dossier « urgent et important » pour lui parce qu'il part en vacances : vous trouvez cela plus ou moins normal – ou vous n'osez pas dire non –, il y va quand même de la solidarité entre collègues ! Et voilà que ce dossier se rajoute aux autres, aux vôtres ! Un de plus ! Et vous êtes alors débordé !

Ce monsieur qui vous a transmis son « singe » (voir règle n° 18) aurait pu terminer son travail avant de partir, mais il a préféré le refiler à un collègue, d'autant que ce collègue - c'est-à-dire vous - ne sait jamais dire non. La bonne aubaine !

Mais il faut aussi savoir dire oui : oui à être aidé, oui à déléguer, oui à lâcher prise, oui même à traiter le dossier d'un collègue à condition que l'ascenseur vous soit renvoyé la prochaine fois !

COMMENT DIRE « NON » SANS CONFLICTUALISER LE NON ?

1. Écoutez l'interlocuteur.
2. Marquez votre compréhension de la demande.
3. Osez exprimer votre refus avec calme et courtoisie.
4. Expliquez-en les raisons sans justification coupable.
5. Laissez votre interlocuteur réagir.
6. Suggérez une solution de rechange.
7. Concluez par une note optimiste.

Évitez le débat démocratique

interminable le soir après le dîner sur la question de « QUI va débarrasser ? ».

Tous les soirs, après dîner, il y a l'interminable débat à propos de QUI va débarrasser : l'aîné l'a fait hier, la cadette l'a fait plusieurs jours de suite et donc a pris de l'avance, la troisième refuse de le faire contestant le calcul des jours d'avance de la seconde.

S'ensuit un rappel des règles démocratiques par la mère de famille, soutenu à moitié par le père, en train de regarder mollement un *replay* de match de foot. Et finalement, vous, la mère de famille, harassée par l'indécision collective, vous vous y colletez, à cette tâche, comme chaque soir, en maugréant.

Et si vous assumiez plutôt votre autorité en ordonnant plutôt qu'en laissant débattre ? Et, de façon générale, plutôt que de tolérer que les règles soient remises en question, faites-les donc appliquer ! Vous allez gagner du temps !

Réfléchissez avant d'agir

mais pas trop longtemps !

Alors que certains foncent, d'autres demeurent immobiles ! La hâte, comme la délibération sans fin, peuvent, chacun à sa manière, générer de la perte de temps.

Certes, réfléchir avant d'agir vaut sans doute mieux que de foncer tête baissée contre le mur d'en face. Cela vaut donc la peine de consulter avant de choisir, d'étudier avant d'entreprendre, de deviser avant d'acheter. **Mais il ne faut pas confondre réflexion et hésitation.**

Hésiter prend du temps. Il ne faudrait pas que la tergiversation devienne une prise de tête et un repoussoir pour l'action. À peser le pour et le contre, et réciproquement, on finit par décider de rien. Donc, là aussi, la réflexion doit avoir sa *deadline*.

Et une fois, que le délai – dit de réflexion – que l'on s'est fixé est atteint, il faut alors trancher et agir !

Quand vous avez pris des décisions

Ne revenez pas en arrière !

Lorsqu'on est perdu en forêt, et pour en sortir, selon Descartes, il faut marcher le plus droit possible, prendre une direction et « n'en point changer pour de faibles raisons » (*Discours de la méthode*, 1637).

Lorsque vous avez pris une décision, il faut vous en tenir à cette décision, sans faire des allers-retours permanents. Sinon vous sabordez vous-même votre organisation et tout devient alors inconstant et aléatoire. **À tout chambouler, on perd la boule !**

Il faut donc – pour ne pas sombrer dans la pagaille et le n'importe quoi – tenir ses objectifs, ses délais, ses rendez-vous, ses réunions, ses séances de travail, ses vacances et ne pas les annuler ou les reporter au moindre coup de vent.

Et, par souci d'harmonie, et pour le même prix, exigez des autres qu'ils fassent de même !

Il n'y a qu'une seule manière d'aller plus vite

C'est de ralentir ! *Qui va piano va sano* !

On croit bêtement que « vite » équivaut à « efficace ». Et pourtant. On écrit et envoie un mail en quinze secondes en regardant sur le même écran les derniers ragots de Facebook. Résultat des courses : le mail n'est pas envoyé à la bonne adresse mais à un destinataire qui n'a rien à voir avec le sujet.

Bref, en cumulant les tâches et en les expédiant, certes on est rapide, mais on est aussi parfaitement contre-productif. Et il faut alors rattraper tous les dégâts liés à la vitesse, ne se distinguant plus alors de la précipitation.

Il vaut mieux faire les choses une à une, en se concentrant, et en prenant le temps qu'il faut. Ralentir, cela permet non seulement de mieux réussir, mais aussi d'apprécier ce que l'on fait.

Fixez-vous donc des délais !

Et des autodélais !

Le meilleur exemple de l'organisation par délais, c'est l'emploi du temps scolaire. Tout cours y est séquencé et comporte une durée : une heure, une heure trente... etc. Et c'est l'ensemble de ces séquences qui constitue « l'emploi du temps ».

SAVOIR EMPLOYER SON TEMPS

Le problème, c'est que dès qu'on est (plus ou moins) libre de son temps, on n'emploie plus le temps, on l'étend sans veiller à le structurer en séquences précises (avec un début et une fin). D'où l'importance de l'agenda, qui est le support habituel de l'emploi du temps de l'adulte.

Lorsqu'on est débordé, c'est souvent parce qu'on ne fixe pas de limites au temps, ou si l'on préfère, à la durée des tâches. On se laisse ainsi aller, errer parfois, sans ponctuer le temps – les temps – d'un point final. Il faut donc se fixer des délais – des autodélais - ou en fixer à d'autres, à ceux qui travaillent pour vous.

Les autodélais, ce sont les délais que l'on se fixe à soi-même : temps de ménage, temps de repassage, temps à consacrer à tel dossier, temps à s'occuper des devoirs des enfants, temps de rangement, temps sportif, temps dédié à l'écriture de son journal intime.

On peut aussi, comme on l'a vu, confier des séquences de temps à d'autres : ménage, jardinage, nourrice, babysitting, secrétariat, comptabilité, recherche d'appartement.

LA LOI DE PARKINSON

Le temps nécessaire pour accomplir une tâche varie en fonction du temps disponible. Le travail semble se dilater jusqu'à occuper la totalité du temps qu'il lui était possible de prendre. Donc l'art du temps consiste à se fixer des délais raisonnables adaptés aux tâches, mais aussi avec une notion d'arbitraire. À un moment donné, il faut s'imposer une limite qui indique que la tâche doit être terminée.

Ne procrastinez pas par défaut

mais par raison !

La « procrastination » – tendance pathologique à différer, à remettre l'action au lendemain (Larousse) – est un vilain défaut, voire, comme l'indique la définition, une sorte de « maladie » assez fréquente. Beaucoup en souffrent.

PLUS TARD… ET DONC JAMAIS

On reporte au lendemain – ou à un « plus tard » intemporel – ce qu'on peut faire le jour même : ce classement, ce cours d'anglais, ces courses, cette visite chez le dentiste, ce coup de téléphone à un vieil oncle malade, cette préparation à la réunion du début de la semaine prochaine, ce devoir de classe. Comme ce voyage autour du monde dont on rêve depuis cinquante ans !

Et les activités s'accumulent, les rêves aussi, les retards n'en parlons pas, sans compter les complications.

TO-DO LISTER

Donc évitez de procrastiner. Comment ? En vous soumettant à une discipline de fer qui consiste à mettre en œuvre résolument ce que vous avez décidé de réaliser. Au jour le jour. Par des *to-do lists*.

Et aussi dans la durée. Et là, lorsqu'on programme de loin en loin ses activités, cela ne s'appelle plus de la procrastination par défaut, mais par raison ! Et ce n'est plus une maladie !

FAITES DES *TO-DO LISTS* !

Chaque jour, notez sur un carnet vos tâches de la journée.

- **Ne dépassez pas les dix tâches.** Évidemment, il faut que celles-ci soient possibles, réalisables, en un temps donné. Inutile de prévoir un déménagement de votre bureau dans votre future ex-chambre à coucher en une demi-heure.
- **Alternez** les corvées et les tâches agréables.
- **Commencez par les corvées.** Elles vous stimuleront pour la suite, en vous ayant donné le sentiment du devoir accompli.

Mieux vaut prévoir la pluie

en envisageant le parapluie ou le K-way que de sortir mouillé !

Il y a des fanatiques, adeptes philosophiques du culte de l'instant présent. Ceux qui vous disent : « Cela ne sert rien de prévoir, tout se chamboule vite, la vie est imprévisible, et c'est ce qui fait son sel ! ». Certes.

PANIQUE À BORD

Mais ceux-ci se confondent hélas parfois avec les spécialistes de la situation d'urgence ingérable, aux décideurs de dernière minute, qui créent autant de stress pour eux-mêmes que pour les autres. Comme ils ne prévoient rien, ils se laissent aller à la surprise des évènements qui viennent, et ils ne sont pas toujours aptes, quoi qu'ils disent, à gérer ces derniers.

Et c'est de là que vient alors – chez eux et leur entourage - le sentiment de débordement, d'asphyxie et de panique à bord.

« GOUVERNER, C'EST PRÉVOIR », DIT L'ADAGE

Tout se prévoit et tout s'organise en avance. Même les plages de temps où l'on ne fait rien peuvent être planifiées : autrement, on ne les prend jamais. Et pourquoi, dira-t-on, certains y arrivent et d'autres non ? Les premiers croient à l'efficacité par la maîtrise des choses. Les seconds pensent qu'il sera toujours temps de réagir et de dénicher une solution spontanée à l'imprévu problématique qui se posera, si d'aventure il se pose. Les premiers sont dits « proactifs », les seconds sont dits « réactifs ».

Au fond, l'idéal, c'est d'être les deux. Raisonnablement. Il faut savoir prévoir et prendre un parapluie avant l'orage et en même temps être suffisamment souple pour ne jamais être prisonnier de son emploi du temps.

Prévoir, en quelque sorte, tout en se laissant des marges d'adaptation aux imprévus... toujours prévisibles !

Mais sachez vivre l'instant présent...

Non, *carpe diem* n'est pas le nom d'une poissonnerie à la mode !

Carpe diem n'est pas une poissonnerie à la mode spécialisée dans la carpe fraîche ! « *Carpe diem, quam minimum credula postero* » signifie en français « Cueille le jour et ne crois pas au lendemain », et l'expression est tirée d'un poème d'Horace (« Odes »).

Elle invite donc à ne pas trop s'investir dans les lendemains qui ne chantent pas toujours et qui ont tous, au bout du bout, une terminaison funeste (nous sommes tous mortels).

Donc profitons de la vie ! Et c'est tout un art, ce *carpe diem* ! Car – et ce petit livre y contribue – nous sommes désormais plutôt dressés à maîtriser les horloges.

Et pourtant, il faut aussi laisser une part au temps qui vient et qui nous surprend, aux séquences imprévues, aux instants non programmés, mais qui peuvent nous « ravir » – dans tous les sens du mot « ravir ».

Entraînez votre mémoire

en apprenant chaque semaine une nouvelle fable de La Fontaine…

La mémoire est un muscle, dit-on, et il faut l'entraîner. Elle permet l'archivage mental d'un grand nombre d'informations qui permet de ressortir « la fiche » au bon moment et de manière précise.

Que de temps perdu à chercher l'information oubliée : dates, noms des personnes, situations, numéros de téléphone, adresses e-mails. Et bien sûr… codes !

De la même manière qu'on fait du vélo d'appartement ou qu'on se rend à la piscine tous les mercredis après-midi, on peut aussi muscler sa mémoire.

Pourquoi ne pas apprendre chaque semaine par cœur une fable de La Fontaine, un des plus grands écrivains français ? Chaque fable, ciselée à la perfection, est aussi une leçon de vie. Vous exercez votre mémoire et la morale de la fable vous invite, pour le même prix, à un salutaire exercice de méditation.

Ne passez pas la journée à guetter vos e-mails

et vos messages, vous avez mieux à faire !

Il y a une nouvelle maladie assez sérieuse, l'addiction sévère aux e-mails et aux SMS. Ces moyens d'information censés remplacer le courrier postal et le dialogue humain occupent une place démesurée dans nos journées.

NOUS VIVONS AUX AGUETS…

Nous vivons aux aguets, guettant la moindre alerte de notre téléphone portable, de notre tablette ou de notre ordinateur. Et ce, quelle que soit l'heure de la journée, voire de la nuit. Ce qui fait que notre temps est sans cesse interrompu par cette information à la fois saccadée et continue. Ce qui nuit certes à notre concentration, mais surtout à notre sérénité.

Sans compter que lorsqu'on reçoit ces e-mails ou SMS, on y répond donc, souvent instantanément, avec précipitation, et c'est là que se commettent alors les pires impairs, puisqu'on a réagi du tac au tac, à chaud, sans avoir pris le recul nécessaire.

5 PETITES RÈGLES POUR GÉRER SES E-MAILS

1. Le mieux est de consacrer un temps journalier limité aux e-mails et y répondre sereinement.

2. Dans la rédaction, demeurez poli comme dans la vie, ne pas oublier de dire bonjour et à la fin : « Cordialement. » Trouvez le ton qu'il faut : le ton s'entend dans les e-mails et, s'il n'est pas cordial, le conflit peut suivre.

3. Laissez passer vingt-quatre heures avant de répondre à un e-mail énervé.

4. Préparez vos e-mails et vos SMS : sachez ce que vous allez dire et évitez de chercher ce que vous voulez dire par une succession d'échanges improvisés.

5. Pour l'envoi des e-mails, **ne pas oublier d'indiquer l'objet qui l'identifie** et permet sa reconnaissance comme son archivage éventuel.

Ne téléphonez pas pendant des plombes !

Vous avez mieux à faire !

Que de temps perdu au téléphone ! Voici que Marcelle a encore appelé pour raconter son séjour à l'hôpital. Le problème, c'est qu'elle a aussi appelé hier pour vous raconter... son séjour à l'hôpital !

Et entre aujourd'hui et hier, son état est stable. Mais Marcelle aime bien parler, raconter, scénariser.

ET LA VICTIME, C'EST VOUS !

Une bonne heure de communication hier et la même dose aujourd'hui. Et après vous osez dire que vous êtes débordé ! Évidemment tout ceci se fait au détriment de ce qui est important : la préparation de votre dossier professionnel et votre déclaration de revenus dont le délai est... dans cinq minutes !

• **Préférez l'écrit au téléphone,** ce dernier étant plus propice aux malentendus et aux tensions.

- **Évitez de faire du téléphone un média de débat politique,** de confession psychanalytique, de bavardage, ou d'instrument antisolitude ! Téléphonez pour communiquer un message ou pour en recevoir un.
- **L'avantage est toujours à celui qui appelle.** Celui qui est appelé est surpris, et donc moins armé à dialoguer. Donc appelez plutôt !

CINQ CONSEILS

1. **Préférez l'écrit au téléphone,** ce dernier étant plus propice aux malentendus et aux tensions.
2. **Inutile de déambuler des kilomètres...** Les pas, la rue, la respiration haletante, vos gestes s'entendent.
3. **Évitez de faire du téléphone un média de débat politique,** de confession psychanalytique, de bavardage, ou d'instrument antisolitude ! Téléphonez pour communiquer un message ou pour en recevoir un.
4. **L'avantage est toujours à celui qui appelle.** Celui qui est appelé est surpris, et donc moins armé à dialoguer. Donc appelez plutôt !
5. **Préférez la bonne humeur et le sourire au téléphone ;** la mauvaise humeur et la grimace pénètrent directement dans l'oreille susceptible de votre interlocuteur !

Prenez des notes !

Il en restera toujours quelque chose...

Donnez un coup d'accélérateur à votre mémoire : n'hésitez pas à prendre des notes ! Pour cela, utilisez un carnet (ou un cahier). Toujours le même, que vous changerez lorsqu'il sera complet.

C'EST SUR CE DERNIER QUE VOUS CONSIGNEREZ VOS *TO-DO LISTS*

Inutile de chercher votre dernière *to-do list* – les notes que vous prendrez lors d'une conférence ou d'un entretien, ou encore vos pensées du jour –, elle est précisément dans votre carnet et non pas sur un post-it que vous ne retrouvez plus ! Le soir vous relirez vos notes que vous aurez pris le soin de dater. Inutile de multiplier les carnets, un seul suffit !

Évidemment, il faut savoir, lorsqu'on écoute, prendre des notes. D'ailleurs, on écoute mieux quand on écrit ce qu'on entend : l'attention est ainsi mieux mobilisée. L'important est de noter l'essentiel en ne cherchant pas l'exhaustivité. Il s'agit plutôt de synthétiser le flux d'informations.

ET IL FAUT SAVOIR VOUS RELIRE

Traduisez ce que vous entendez : on se relit mieux dans sa propre langue que dans celle d'un autre. Écrivez avec soin : beaucoup prennent des notes, mais sont ensuite incapables de les déchiffrer. Attention aux abréviations et autres sigles qui sont compréhensibles au moment de leur transcription et abscons au moment de la relecture.

De cette manière, la pensée des autres autant que la vôtre pourront être conservées et exploitées le cas échéant. Pour l'organisation de l'existence, la relatation des faits et la conservation des idées, rien de plus utile que cet exercice quotidien.

Et surtout méfiez-vous de votre habituelle justification à ne pas le pratiquer : « Pas besoin de notes, j'ai tout dans la tête ! ». Ben, voyons !

Évitez la réunionite

Et préparez vos réunions !

La réunionite est une « maladie ». Elle signifie qu'on passe son temps dans des réunions souvent perçues comme inutiles. Les cadres français passent ainsi plus de six semaines par an en réunions (cadreemploi.fr/juin 2017). Et à peine la moitié de ces dernières sont considérées, selon les mêmes sources, comme productives.

Il faudrait donc choisir ses réunions et ne se rendre, si on a le choix, qu'aux importantes, là où sa présence est essentielle. Car il est fréquent que l'on s'y rende sans ordre du jour clair et où l'on y fait de la figuration.

En outre, on n'a pas toujours préparé le dossier et l'on se place souvent en mode « participant silencieux » à l'instar du portable, dont on surveille insidieusement les SMS, à défaut d'écouter les orateurs. Le mieux est de se rendre aux réunions que l'on a préparées et où l'on a une part active dans la décision collective.

Si vous êtes participant	Si vous conduisez la réunion
• Lisez et étudiez en amont l'ordre du jour. • Lisez, même en lecture rapide, l'ensemble du dossier préparatoire. • Forgez-vous avant d'aller à la réunion une opinion sur le sujet. Prenez une pré-décision. • Osez participer et exprimez-vous ! • Aidez à rendre productive et utile cette réunion.	• Fixez l'ordre du jour. • Fixez un timing à la réunion. • Envoyez en amont les informations nécessaires au débat à tous les participants. • Préférez le mode participatif à la posture magistrale. • Intégrez dans les décisions finales l'opinion de chacun et de tous. • Reformulez et consignez sous forme de procès-verbal les décisions prises collectivement.

Au fait, à quoi sert un agenda ?

À s'organiser ! Bon sang mais c'est bien sûr !

D'abord, il y a toutes sortes d'agendas : en papier et celui de l'époque, électronique, bien sûr. L'agenda est le livre du temps, donc de sa vie. À respecter comme soi-même et à optimiser.

NEUF RÈGLES ESSENTIELLES À LA BONNE GESTION D'UN AGENDA

1. Respectez votre agenda ! Ne pas utiliser l'agenda papier comme autre chose qu'un agenda, c'est-à-dire comme une pseudo-chemise, un fourre-tout ou un cahier de notes-brouillon ou encore comme un support à post-it... Cela fait mauvais effet !

2. Fonctionnez par séquences. Une séquence (de temps) contient une durée précise. Elle correspond à une activité spécifique. Elle peut varier d'un quart d'heure à trois ou quatre heures. Libellez bien l'intitulé de la séquence en précisant l'activité ou la tâche.

3. **On peut – on doit – se fixer des tâches à soi-même** (autodélais).
4. **Laissez des marges** entre les séquences pour pouvoir respirer (voir règle 38).
5. **Rattachez à vos séquences les noms des interlocuteurs** de vos rendez-vous, leur numéro de téléphone ou e-mail pour les contacter le cas échéant et le moment venu.
6. **Planifiez le plus loin possible** de façon à avoir une vision à l'année.
7. **Ne pas hésiter à programmer des rendez-vous particuliers** avec soi-même : des petits plaisirs, des pauses, des moments où vous ne faites rien ! (Voir règle 37.)
8. **Évitez d'avoir plusieurs agendas :** un pour la vie privée, un pour la vie professionnelle. Vous aurez du mal à vous y retrouver. L'agenda est l'organisation de la vie globale.
9. **Une fois par semaine, inspectez votre agenda,** vérifiez-en les contenus, traquez les erreurs, ajustez les délais, équilibrez vos différentes activités, fixez les priorités, distinguez l'important de l'accessoire, recentrez sur vos projets et vos objectifs.

Programmez-vous des plages de temps

sans aucune activité pour redécouvrir les vertus de l'ennui !

Nos « débordés » le sont parce qu'ils ont, en fait, autant de difficultés à organiser leur temps utile que leur temps inutile. Ces suractifs ne savent pas se reposer ou ne rien faire. Sinon, ils s'ennuient. Sinon, ils s'angoissent. Et ayant horreur du vide, ils le remplissent. Ils le bourrent même, en maugréant pourtant, face au trop-plein engrangé.

Ils doivent alors redécouvrir les vertus de l'ennui, synonyme de rêverie, de méditation, de détente, de respiration. L'ennui est une activité à part entière. Il ne ferme pas les perspectives, mais les ouvre. Il permet le recul et la pause qui génère un nouveau départ.

Aussi, n'hésitez pas à planifier l'inutile (en réalité utile) !

Programmez sur votre agenda des plages de temps où vous écrirez RIEN. RIEN comme rien. Sans remords. Rien sans peur du vide.

Osez le temps de la réflexion

sans vous dire que le prendre ce temps, c'est perdre son temps !

On a tous un drôle de rapport à la réflexion. On la pense souvent comme une perte de temps. L'action est survalorisée, la réflexion est une moins-value ajoutée, un état d'âme inutile, une prise de tête.

Donc, on fonce parfois, souvent même, et, voulant gagner du temps, on finit par en perdre.

Et pourtant ! Réfléchir avant d'agir est la moindre des précautions pour éviter les dégâts. Avant de se lancer dans un projet, il n'est pas inutile d'en étudier sa faisabilité. Avant d'ouvrir un commerce, un *business plan* n'est pas du luxe. Avant de répondre favorablement à cette annonce, il n'est pas inutile de comparer cette offre à d'autres sur Internet. Avant de déclarer sa flamme, il est prudent de se demander si, à peine déclarée, elle ne risque pas de s'éteindre.

Séquencez votre temps

en vous laissant des marges de souplesse pour réagir et s'adapter.

Même s'ils sont nécessaires, il faut être vigilant quant aux délais que l'on se fixe ou qui nous sont fixés. Et il est toujours prudent de se laisser – ou négocier – des marges de sécurité.

PRÉVOIR DES PLAGES DE TEMPS

Un délai trop long vaut mieux qu'un délai trop court. Et même dans un délai raisonnable, le dérapage peut arriver au motif d'une pause plus longue que prévue, d'une urgence à traiter à la dernière minute, d'un problème que l'on pensait simple à régler et qui se révèle bien plus complexe que prévu (voir encadré ci-contre « loi de Murphy »).

Il faut donc prévoir des soupapes de sécurité qui permettent de colmater le temps manquant ou, sinon, au mieux, de souffler avant la prochaine tâche.

Par exemple, lorsque vous devez rédiger votre curriculum vitae à 10 heures et que vous vous êtes fixé une heure pour le faire, ne prenez pas un rendez-vous à 11 h 05 pile, mais plutôt à 11 h 30, voire midi. Vous avez votre partie de squash de 13 heures à 13 h 45, ne prenez pas rendez-vous avec votre patron à 14 heures, ou vous risquez de vous y rendre en sueur et en short.

LA LOI DE L'EMMERDEMENT MAXIMUM OU LOI DITE « DE MURPHY »

Un second emmerdement après un premier est souvent plus problématique que s'il était seul et la somme des deux tend vers une courbe exponentielle. Exemples classiques : 1. Le pneu de votre voiture est crevé et vous constatez que vous ne trouvez plus votre cric. Et, bien sûr, soudain, il se met à pleuvoir. 2. Votre ordinateur buggue sur un tableur que vous préparez depuis des heures et vous vous rendez compte que, ce jour-là, vous n'avez pas installé votre disque de sauvegarde.

Ne confiez à personne

votre organisation personnelle ! C'est une zone réservée ! Déléguer oui, mais pas tout

Ce qui relève de l'organisation personnelle vous regarde. Les places de rangement ne sont pas à confier à la femme de ménage. Elle doit ranger selon vos instructions.

Pour la disposition des dossiers importants, ce n'est pas à votre secrétaire – si vous en avez une – de décider de l'endroit où ils doivent se trouver. Votre suivi de trésorerie, vous seul êtes en mesure de le mettre en œuvre.

Si vous vous débarrassez de ces tâches et les confiez à autrui, vous risquez de les perdre complètement de vue. C'est de cette manière que vous ne savez plus où vous avez rangé vos slips et où se cachent les dossiers importants. Quant à la trésorerie, c'est aussi comme cela que vous ne savez pas encore que vous êtes à deux doigts de la faillite !

Évitez que les nouvelles technologies

vous fassent perdre le temps qu'elles sont censées vous faire gagner !

Certes, le traitement de texte sur Word, les présentations sur PowerPoint ou les tableurs sur Excel permettent un travail rapide et de qualité.

Le téléphone, au-delà du moyen de communication, est devenu une mémoire à portée de main et les tablettes sont des bibliothèques et médiathèques que l'on emporte avec soi. **Mais si être connecté, c'est bien – attention cependant à l'addiction aux réseaux sociaux –, la déconnexion peut être chronophage.**

Les pannes de WiFi, le non-accès à Internet, la contrainte des mises à jour, l'obsolescence des machines, l'appel en urgence à des plateformes d'assistance technique, tout ceci génère de la perte de temps.

Ne dépassez pas les cinq minutes

de discussion au téléphone avec un téléopérateur pour essayer de comprendre pourquoi vous ne recevez plus vos messages !

Fixez-vous une règle : ne dépassez pas un temps imparti au téléphone avec les plateformes de maintenance téléphonique et autres services clients.

D'abord, parce que c'est tout un art : il faut se faire comprendre, ce qui n'est pas de la tarte, et ensuite il faut comprendre ce que vous dit votre interlocuteur dans une langue inédite qui nécessite parfois l'intervention d'un interprète.

En outre, il faut appliquer à la lettre leur procédure, pour se rendre compte, *in fine*, que votre téléphone ou votre ordinateur sont à mettre à la poubelle ou qu'ils sont juste déchargés.

Donc, préférez le service d'assistance en ligne ou le voisin geek qui sera ravi de vous rendre un service en échange de la garde de son chat pour le week-end prochain !

Faites vos courses en ligne

à vélo ou en trottinette électrique, mais surtout pas en même temps !

La tendance à aller plus vite fait que l'on fait tout en même temps. C'est une posture d'époque. On écoute de la musique à vélo, flanqué de ses écouteurs désormais inamovibles. On trottine électriquement en dictant à sa secrétaire le compte rendu de la dernière réunion.

Et parfois même, à vélo ou en trottinette, on est tenté de commander sa pizza du soir en tapotant sur son écran de téléphone. Mais attention à la concentration… et à l'accident ! Il vaut mieux chercher la stabilité pour aller sur la Toile.

Par ailleurs, commander ses courses en ligne : il n'y a rien à redire ! C'est une économie de temps. Cela évite d'être débordé. Le seul ennui, c'est qu'il faut être chez soi pour réceptionner ses achats. Mais on ne peut avoir le beurre, l'argent du beurre, etc.

Optez pour les quatre attitudes de « diamant »

Proactif, directif ou réactif ou... « désactif » !

Il existe quatre attitudes décisives pour ne pas être débordé ! Quatre attitudes de diamant en quelque sorte !

Si vous les développez, vous verrez bien que votre gestion du temps va gagner en efficacité et en qualité de vie.

• **L'attitude proactive :** elle consiste à anticiper le temps et porter sa vision le plus loin possible. Quelques exemples : mettre de l'argent de côté pour financer un projet, organiser plusieurs mois à l'avance les vacances d'été, changer les appareils ménagers avant qu'ils ne tombent en panne...

• **L'attitude directive :** elle évite toute tergiversation, va droit au but, induit un minimum d'autorité et de responsabilité.

Quelques exemples : prendre les bonnes décisions au bon moment, affronter les conflits si nécessaire avec courage et détermination, se faire aider en donnant des consignes précises à ses « collaborateurs »...

• **L'attitude réactive :** elle permet de répondre rapidement et à bon escient aux différents problèmes quotidiens qui se posent à nous.

Quelques exemples : réparer immédiatement, et sans procrastiner, le radiateur tombé en panne, aller chez le médecin dès les prémisses de la maladie, se réinscrire à l'abonnement de son journal préféré, régler son problème de découvert bancaire avant qu'il n'augmente...

• **Enfin, l'attitude « désactive » :** elle réside dans la capacité que nous avons à fermer les volets, provoquer une pause, interrompre le déroulement du quotidien, déconnecter.

Quelques exemples : faire une sieste de quinze minutes après le déjeuner, se promener en plein milieu de la journée, partir en week-end dans un endroit inconnu, consacrer une heure à ne penser à rien...

Sortez du cadre !

Et envolez-vous !

Le cadre est parfois une cage qui nous empêche de voler. On y est installé depuis si longtemps qu'il est difficile d'en sortir. Et pourtant, il est parfois nécessaire de nous en échapper.

Combien de fois nous réfugions-nous dans la fatalité immuable du cadre pour ne pas changer ! Et alors le manque de temps devient l'argument n° 1 !

S'occuper de soi ? Acheter un nouveau canapé ? Déménager ? Se former à l'informatique ? Changer de job ? Prendre des vacances (bien méritées) ? Marcher ? La réponse est toujours la même : « Je n'ai pas le temps ! »

Il est vrai qu'il n'est pas toujours facile de sortir de ses habitudes, de sa zone dite « de confort », pour expérimenter une novation, et donc un risque. Mais le jeu en vaut parfois la chandelle.

Et pour s'envoler, il n'y a pas d'autre option que de changer d'air.

Faites des voyages très loin...

ou vivez en mode « jet lag » !

Après un long voyage, lorsque vous rentrez chez vous, l'effet « jetlag » n'est pas que négatif : vous flottez un peu, vous êtes encore dans le temps d'un ailleurs lointain, d'une autre saison, vous comprenez à moitié ce qu'on vous dit et vous vous faites comprendre à la manière d'un Martien prononçant ses premiers mots en débarquant sur Terre.

Du coup, les émotions sont plus froides, la communication plus calculée, et ce qui vous paraissait important hier vous apparaît aujourd'hui comme relativement secondaire.

Il faudrait être régulièrement dans cet état, sans forcément voyager loin, pour relativiser les choses et reconsidérer ses priorités.

Prenez donc du recul pour reconsidérer votre existence : vivez, de temps en temps, en mode « jetlag ».

Pratiquez la marche à pied !

Ça oxygène le cerveau et ça remet les idées en place !

On connaît la promenade journalière de Kant dans les jardins de Königsberg, les voyages du jeune Jean-Jacques Rousseau à pied, d'Annecy à Turin ou de Paris à Chambéry.

On connaît aussi la maxime de Nietzsche qui rappelle que « seules les pensées qu'on a en marchant valent quelque chose » (Nietzsche, *Crépuscule des idoles*, pensée 34).

On connaît la mode des randonnées et de la marche rapide. Bref, marcher sert à penser, ou à penser mieux, à réfléchir en tout cas. C'est bon pour le cœur, les articulations, le surpoids. Cela sert aussi à consacrer du temps au corps tout en laissant la tête libre de voguer à ses pensées.

Prenez donc le temps de marcher pour gagner du temps sur le reste : vous verrez, vous en reviendrez le corps apaisé et les idées claires.

Soyez pessimiste, si vous y tenez...

mais résolument optimiste dans l'action !

Chacun penche plutôt d'un côté ou de l'autre versant de l'humeur, pessimiste ou optimiste, bilieux ou positif, atrabilaire ou joyeux comme un pinson. On ne peut pas se refaire, c'est comme cela.

Mais attention, il y a un danger, et non des moindres : **le pessimisme ralentit l'action et fait perdre du temps.** Dans cet état, on hésite à agir, on craint le résultat de l'action, on veut tout contrôler, on est vite en proie à l'immobilisme et on est donc rapidement débordé. La panique est pessimiste.

À l'inverse, l'état optimiste invite plutôt à la confiance en soi et, dans les autres, à l'enthousiasme d'agir, au plaisir d'avancer, à la relativisation des obstacles.

Alors, si vous êtes pessimiste, tant pis, ou tant mieux après tout, il n'y a pas de jugement ici, mais soyez au moins optimiste par la volonté. La décision est toujours optimiste, autrement on ne la prendrait pas. La conduite d'un projet aussi, sinon il serait déjà enterré.

Apprenez par cœur ces sept citations sur le temps

qui résument tout et mettez-les en musique !

Pour (presque) finir nous vous proposons sept citations qui nous invitent à la sagesse.

• **Ce proverbe africain** d'abord qui nous renvoie, avec humour, à l'absurdité de notre relation occidentale au temps : « Tous les Blancs ont une montre, mais ils n'ont jamais le temps. »

• **Jean de La Bruyère** (1645-1696) regarde avec sévérité et causticité ceux qui se plaignent en permanence de ne pas avoir le temps : « Ceux qui utilisent mal leur temps sont les premiers à se plaindre de sa brièveté » (*Les Caractères*).

• **Goethe (1749-1832)** confirmait le propos : « On a toujours assez de temps quand on l'emploie bien. »

• Quant à la vitesse, et pire encore la précipitation, **Jean de La Fontaine (1621-1695),** auteur des célèbres *Fables*, nous invite à partir à temps plutôt que de courir de manière effrénée vers le but : « Rien ne sert de courir, il faut partir à point » (« Le lièvre et la tortue »).

• **Le poète Apollinaire (1880-1918),** quant à lui, nous rappelle que si le temps doit être bien utilisé, c'est aussi parce qu'il passe : « Passent les jours et passent les semaines / Ni temps passé / Ni les amours reviennent / Sous le pont Mirabeau coule la Seine » (« Le pont Mirabeau », dans *Alcools*).

• **Le peintre Delacroix (1798-1863)** insistait sur le sens qu'il faut donner au temps. Le travail, pour lui, donnait du sens au temps : « On travaille pour produire, mais surtout pour donner un sens au temps. »

• **Et pour conclure, cette inscription inscrite sur un cadran solaire** qui dit tout et vous interpelle : « Tu ne peux pas retenir ce jour, mais tu peux ne pas le perdre. »

Osez l'emploi du temps idéal

en intégrant toutes les astuces contenues dans ce petit livre !

Pour finir, redéfinissez votre emploi du temps de la semaine prochaine en supprimant quelques mauvaises habitudes et en intégrant de nouvelles.

METTEZ EN ŒUVRE LES ACTIONS SUIVANTES

- **Supprimez toutes les activités inutiles** (retour chez votre généraliste pour la troisième fois ce mois-ci, inscription au cours de chinois auquel vous allez une fois sur trois).
- **Remplacez-les par des activités importantes et prioritaires** (au regard de votre projet de vie que vous aurez bien clarifié au préalable).
- **Organisez votre emploi du temps global sur un agenda par séquences** en indiquant la durée précise. *Visite d'Albertine : lundi de 14 à 16 heures (surtout qu'elle est bavarde) ; mise en ordre de*

votre comptabilité (il en est temps !) : mardi après-midi, de 15 à 17 heures ; tennis : vendredi soir, de 18 à 20 heures ; rien (aucune activité, mais l'inscrire quand même) : jeudi après-midi, de 14 à 20 heures.

- **Tenez les engagements pris** avec vous-même, ne procrastinez pas, mais planifiez.
- **Consacrez une heure régulière journalière à la lecture et au tri** de votre courrier ainsi qu'au rangement de votre bureau et ordinateur.
- Dans la mesure du possible et de vos finances, **faites-vous aider sur des tâches chronophages :** ménage, repassage, secrétariat, maintenance informatique. Déléguez également certaines de vos responsabilités à des personnes compétentes et de confiance. Planifiez aussi tout cela.
- **Préparez vos réunions comme vos appels téléphoniques**. En étant proactif, vous ne serez jamais démuni ni surpris. Laissez un temps à la préparation de ces activités, et de façon générale, de toute activité.
- Constatez enfin, sur votre agenda, au jour le jour, que **vous êtes désormais le maître des horloges !**

Biographie de l'auteur

Jean-Paul GUEDJ est coach et essayiste. Il a publié un certain nombre d'ouvrages aux thématiques variées, toujours teintés d'humour, relatifs à la vie professionnelle.

Il a notamment publié *Les 50 Règles d'or du management* (Larousse, 2012), *Les 50 Règles d'or pour prendre la parole en public* (Larousse, 2013), *50 petites leçons d'optimisme* (Larousse, 2014), *100 expressions toxiques, sournoises, bêtes et horripilantes* (Larousse, 2017), *Les 50 règles d'or pour avoir de la répartie* (Larousse, 2018).

Les 50 règles d'or du
management
Jean-Paul Guedj
LES MINI LAROUSSE

Les 50 règles d'or de la
négociation
Jean-Paul
Guedj
LES MINI LAROUSSE

Les 50 règles d'or
pour avoir de la
répartie
Jean-Paul Guedj
LES MINI LAROUSSE

Les 50 règles d'or
pour prendre
la vie du
bon côté
Jean-Paul Guedj
LES MINI LAROUSSE